AF586847

# LES ÉPREUVES

DU

# MAIRE DE JARS

(CHER)

## SA JUSTIFICATION

PARIS

IMPRIMERIE DIVRY ET Cᵉ,

RUE N.-D. DES CHAMPS, 49.

1866

IMPERIAL.
TIMBRE

C'est grand pitié, mon ami, mon voisin, d'avoir encore l'esprit troublé, l'âme chagrine et le cœur plein de fiel par suite d'une méchante querelle, quand les pommiers sont en fleurs et que le mois de la Vierge a blanchi nos buissons d'aubépine. Me semble que si j'habitais toujours ce beau pays de Jars, j'aurais l'humeur plus douce au retour du printemps.

Mais puisque la dispute va toujours s'échauffant entre le maire et ceux qui en voudraient un autre que lui, pour ne pas dire de quelques-uns qu'ils aspirent à le remplacer; laissez-moi vous prendre à l'écart, vous, mon ami, mon voisin qui voulez bien m'entendre, et nous en causerons simplement, de sang-froid, loin du foyer incandescent de l'animosité, à l'abri des mauvaises paroles qui se disent, pour mieux connaître qui a raison.

Depuis vingt ans peut-être, M. Besle a pris part à l'administration de cette commune importante. Il en a été tour à tour le maire, l'adjoint ou tout au moins conseiller municipal; c'est donc, quoi qu'on en dise, un vieux bienfaiteur qu'on voudrait faire oublier, et sans doute, par cette raison première qu'il a rendu service.

Les routes les plus utiles se sont faites de son temps. Qui en a favorisé les projets, surveillé l'exécution, ordonné l'entretien ?

Une maison d'école et un presbytère ont été construits, n'a-t-il rien fait pour leur édification ?

S'il y a de l'eau au milieu du bourg, à la portée de toutes les maisons, qui l'y a amenée?

Il en coûte de rappeler ces bons offices, même à celui qui n'a jamais compté le temps perdu, les dérangements incessants, les désagréments multiples qui accompagnent la charge de maire ; à celui qui l'a remplie avec zèle, intelligence et probité en des temps difficiles.

Qu'il nous suffise de constater quelques-unes des améliorations qui sont dues à son initiative, à ses soins, à son activité.

Mais permettez-moi de m'informer dès l'abord, s'il se trouve parmi ses détracteurs quelqu'un qui en ait fait autant que lui, qui eût pu ou voulu en faire autant que lui ; car celui-là seul a droit de faire une critique amère, impitoyable des faits et gestes du prochain, qui a mieux fait que lui ; sinon il s'expose, et c'est justice, à une comparaison qui ne tourne pas précisément à son avantage.

Ses détracteurs ! heureusement ils sont en petit nombre et se peuvent compter aisément : quatre ou cinq propriétaires ou fermiers, au milieu desquels un ou deux noms jurent de se voir placés, composent à eux seuls, ce petit groupe de dissidents, avec quelques personnes mues par des intérêts froissés ou une ancienne rancune, comme il s'en trouve toujours.

Ils sont animés d'un esprit de rivalité mal dissimulée et de jalousie sournoise; voilà le bagage avec lequel ils se meuvent.

Le maire est soutenu par le reste des habitants; ces propriétaires, ou fermiers, ces braves gens qui labourent n'oublient pas les services qu'on leur rend, et se rappellent à certains jours si on a été bon pour eux, si on les a entendus et reçus avec bienveillance et intérêt.

Aussi, se sont-ils levés en masse pour témoigner de leur préférence pour

M. Besle, et lui prêter l'invincible appui de leur vote et de leur sympathie.

Tenez, je gagerais que cette manifestation imposante de la presque totalité de la population a le plus contribué à aigrir ses adversaires et à les dépiter à l'excès.

Mais n'anticipons pas sur notre récit, nous voudrions raconter les faits sans trop de commentaires.

Aux dernières élections municipales, notre petite coterie s'est trémoussée de mille façons pour empêcher l'élection de M. Besle. Quelle avalanche de bulletins! et à quoi ont-ils servi, grand Dieu! car tous ne sont pas entrés dans l'urne! Quelles démarches en tout sens, véritables chasses aux électeurs! Combien de bonnes paroles, de belles promesses prodiguées, de poignées de main données, de coups de chapeau octroyés à des gens qui n'y étaient pas habitués ! le tout avec accompagnement en faux-bourdon de bruits calomnieux et de médisances grossies à plaisir sur le compte de ce pauvre maire qui n'en pouvait mais.

Avec de tels engins de guerre, comment la victoire a-t-elle pu échapper aux dissidents? comment la liste municipale a-t-elle pu obtenir une si grande majorité?

Peut-être pourrait-on en trouver la raison sans chercher bien loin. Il n'est pas si difficile qu'on croit de bien voter, même à la campagne ; il suffit de se rendre compte, un tant soit peu, de ce qu'on va faire :—voter, c'est remplir un devoir, c'est faire acte d'honnête homme, c'est un cas de conscience, et dès lors, je n'écoute plus les personnes qui me pressent de voter pour tel ou tel, à cause du profit, des avantages matériels que je pourrais en retirer ; je n'écoute plus les personnes qui me défendent de voter pour tel autre, la menace à la bouche, ou plutôt je les écoute, mais ne veux pas les entendre, car je me sens insulté par elles dans ma dignité d'homme et d'homme honnête. Ma conscience seule a parlé et je vote pour celui qui le mérite le mieux, en qui j'ai le plus de confiance, et qui s'acquittera le mieux du mandat que je suis appelé à lui confier ?

C'est ce que les habitants de Jars ont fait, qu'y a-t-il d'étonnant ?

Si nous en demandions la cause aux

vaincus, quelle serait leur réponse ? « Notre succès était assuré, et nous avions la sympathie des électeurs, grâce à la légitime influence que nous exerçons dans la commune, mais les élections ont été mal faites, nous les attaquerons. »

Et ils ont attaqué les élections, et le conseil de préfecture les a maintenues comme la libre expression du suffrage populaire.

Vous, mon ami, mon voisin, vous voyez là un nouvel échec, mais vous êtes trop naïf, vraiment. Croyez plutôt que le conseil de préfecture s'est trompé, qu'il a été mal renseigné, qu'il n'a pas assez examiné la chose, que la justice est du côté des opposants.

Tel un plaideur de profession, abusé

par l'illusion et l'esprit de chicane, se mutine après sa condamnation, appelle de la sentence pour subir une nouvelle humiliation, et toujours accuse ses juges, et toujours croit avoir raison contre tout le monde.

Je m'étonne qu'il n'y ait pas eu appel au Conseil d'État.

Toujours est-il que la décision du conseil de préfecture causa un vif désappointement dans le camp adverse. Ces messieurs ne pouvaient se faire à l'idée qu'ils verraient, pendant six années, le nouveau conseil administrer et mener à bien les affaires de la commune sans eux, et en dehors de leur influence. Pourtant, il fallait s'y résigner, mais il leur restait encore une fiche de consolation, comme on dit, c'était d'empêcher, auprès de l'administration, la nomination du maire. Et, tel fut désormais le point de mire de nos frondeurs ; et pour atteindre ce but, ils résolurent de tenter par les moyens les plus énergiques un suprême et dernier effort.

Nous arrivons à la plainte, et si vous le voulez bien, mon ami, nous nous y arrêterons avec complaisance, comme au point capital de notre conversation.

Que contenait cette dénonciation ? Les griefs les plus graves, articulés un à un et nettement formulés, les reproches les plus sanglants qui se puissent imaginer, entachant l'honneur, la vie d'un homme tout entière.

L'importance des faits incriminés, la hardiesse avec laquelle ils étaient avancés, laissèrent les amis de M. Besle un instant stupéfaits; chacun d'eux se disait à part soi : Se pourrait-il que des gens raisonnables aient osé produire de semblables allégations sans être sûrs de leur fait?

Vous vous rappelez, mon voisin, combien vous fûtes inquiet et soucieux en apprenant ces choses, vous me paraissiez pressentir une catastrophe.

Quelques-uns, il est vrai, cherchèrent à nous rassurer, en faisant remarquer tout de suite l'exagération manifeste de la plainte. Jamais, disaient-ils, un honnête homme qui a souffert d'un crime, n'a dénoncé un repris de justice en des termes aussi énergiques; c'étaient les plus clairvoyants.

Ils ajoutaient : Quoi, cet homme

que nous avons tous connu honnête depuis quarante ans, en est venu tout d'un coup à détourner les deniers de la commune, à commettre un faux, à s'approprier le bien des pauvres; mais vous autres, messieurs les opposants, comment ne vous en êtes-vous pas aperçus plus tôt? Comment avez-vous approuvé ses comptes et sa gestion jusqu'au dernier moment? Comment surtout, avez-vous découvert le pot-aux-roses juste à temps et si à propos pour servir votre cause?

C'est bien peu vraisemblable, mais nous attendons les preuves.

L'administration justement émue, s'y prit de la belle manière pour connaître le dernier mot de l'affaire, en ordonnant contre son maire une enquête formidable, tenant à la fois et du *commodo* et de l'instruction des crimes et délits.

Certes nos administrateurs s'inspiraient en cette occurrence d'une pensée large, généreuse, et libérale au premier chef. Ils auraient pu répondre sommairement qu'ils connaissaient assez leur maire, qu'ils avaient pu apprécier suffisamment ses services et sa conduite passée, et que, au besoin, ils se contentaient des suffrages obtenus par lui aux dernières élections, pour écarter de prime-abord une plus ample information, et sur ce, mettre la plainte au panier comme un papier trop noirci. Ils ont mieux aimé faire procéder publiquement, contradictoirement, au grand jour. Et, je le répète, il faut les en féliciter sincèrement ; car telle n'est pas, je crois, la manière d'agir ordinaire et la jurisprudence de l'administration, à cause des inconvénients bien connus qui pourraient s'ensuivre ailleurs.

On n'en finirait pas avec les enquêtes sur les maires, et comme l'appétit vient en mangeant, qui vous dit qu'on n'en demanderait pas bientôt contre des fonctionnaires de tous ordres ou d'un rang plus élevé ?

La petite opposition de Jars a donc été privilégiée, et elle serait mal venue à s'en plaindre.

L'administration eut encore la main heureuse en nommant M. Mellot commissaire enquêteur : M. Mellot, l'expert du tribunal, le faiseur de paix, l'arbitre de tous les différends, dont l'honorabilité est proverbiale au pays ;

M. Mellot, un ancien percepteur, qui connaît ses comptes de commune par spécialité, par expérience, en bon praticien ; un esprit judicieux, indépendant et ferme s'il en fut à jamais.

Et tout le monde de se dire en apprenant qu'il était désigné, qu'on ne pouvait faire un meilleur choix, et que l'enquête serait conduite avec loyauté et avec toute l'impartialité désirable.

En effet, quelle patience n'a-t-il pas montrée pendant plusieurs mois, dans ces longues séances qui duraient des journées entières !

Quel empressement à connaître tout, à se renseigner sur tout, à écouter avec attention tous les témoignages, à comparer les dépositions pour arriver à la preuve facile après tout des faits incriminés, s'ils existaient réellement. Cette preuve annoncée si longtemps à l'avance avec tant de jactance et d'ostatention, l'enquêteur l'a vainement attendue.

Pas un des griefs n'a souffert la contradiction, et à mesure que la discussion avançait, que la lumière se faisait davantage, ils tombaient un à un faute de consistance. Il aurait fallu croire les gens sur parole.

Quelques jours après, les conclusions du commissaire, bien nettes, bien précises, apprenaient à l'administration que les plaignants de Jars avaient voulu lui servir, avec leur dénonciation, un petit plat de noix creuses, comme pour badiner et par manière de mystification. Qui fut bien empêché de ce résultat ? Ce furent messieurs les frondeurs qui en étaient à leur troisième bourde, et certainement la plus humiliante ; car je ne connais pas de situation plus gênante, disons le mot, plus piteuse que celle d'un homme qui a osé avancer un fait grave contre quelqu'un en face du public, sans pouvoir en apporter la preuve.

Ce ne fut pas M. le maire, qui venait de sortir par la grande porte d'une épreuve aussi rude, avec la douce satisfaction d'avoir vu la vérité reconnue et son administration justifiée avec éclat aux yeux de tous les honnêtes gens.

M. Besle n'attend plus que sa nomination comme couronnement de son succès, et comme réparation des ennuis qu'il a soufferts. Il l'attend avec une pleine confiance ; car l'administration, après une enquête ordonnée par elle, faite par un commissaire de son choix et dans les meilleures conditions pour la bien renseigner, par respect pour la décision du conseil de préfecture, par respect pour les antécédents de M. Besle, pour les épreuves mêmes qu'il a subies, par respect enfin pour le suffrage universel, ne manquera pas de le nommer.

Que messieurs de la cabale renonçent donc à leurs illusions; il en est temps, n'est-ce pas, mon ami, mon voisin ! Des faits sont acquis désormais à la cause de M. Besle, et ils ne réussiront ni à les détruire, ni à en arrêter les effets.

Je sais bien qu'ils comptent tirer

quelque appui d'une commune voisine.

Cette protection cherchée ailleurs que chez les siens ne sert qu'à mieux marquer l'impuissance à Jars. Mais il pourrait bien se faire qu'ils rencontrent aussi de ce côté des hommes dont l'âme est trop haut placée pour épouser si misérable querelle, des hommes de sens pour les juger, et des hommes de bon conseil pour leur dire tout doucement à l'oreille de se tenir tranquilles.

J'en aurais fini, mon voisin, avec cette querelle d'Allemands; mais, vous le savez, les personnes qui sont en mauvaise passe cherchent toujours une planche de salut et tendent de toutes leurs forces à s'y cramponner.

C'est pourquoi nos plaignants essaient de remettre sur le tapis certaine histoire, ancienne déjà, celle de la poste, pour en tirer le meilleur parti possible.

Ils disent : M. Besle a offert une démission, à cette époque, spontanément et sans se défendre, donc il se sentait fautif.

Mon Dieu, la réponse est bien simple et bien facile : qui a porté plainte alors? les mêmes, sinon tous, qui viennent d'avancer des faits sans pouvoir les prouver.

Ils n'ont pas dit vrai aujourd'hui, faut-il en conclure qu'ils disaient la vérité hier? je ne le crois pas.

M. Besle a cru devoir offrir une démission à une autre époque, parce qu'il pensait qu'un directeur de poste ne devait pas même être soupçonné; tant le secret des lettres lui paraissait chose grave et sacrée; mais s'il eût demandé une enquête, qu'en serait-il advenu? je puis le laisser deviner.

Quittons enfin le démon de la discorde pour ne pas prolonger outre mesure notre petite causerie, sauf à la reprendre une autre fois.

C'est chose si agréable de s'entretenir entre amis, entre voisins, des choses de son village!

Ne nous séparons pas toutefois sans faire des vœux pour l'avenir.

Espérons l'apaisement des inimitiés et un rapprochement complet avec le temps, car vraiment c'est grand pitié d'avoir encore l'esprit troublé, l'âme chagrine et le cœur plein de fiel par suite d'une méchante querelle, quand les pommiers sont en fleurs et que le mois de la Vierge a blanchi nos buissons d'aubépine. Me semble que si j'habitais toujours ce beau pays de Jars, j'aurais l'humeur plus douce au retour du printemps.

Paris. —Imp. Divry et Ce, rue N.-D. des Champs, 49.

www.ingramcontent.com/pod-product-compliance
Lightning Source LLC
LaVergne TN
LVHW052025160826
845678LV00003B/1204

* 9 7 8 2 3 2 9 6 4 6 8 9 3 *